GW00802306

¿CUÁNTO SABES de PALABRAS DE ANTAÑO?

¿eh?

VOX

Dirección editorial: Jordi Induráin
Coordinación de la obra: Sofía Acebo
Redacción: Ignacio Vázquez
Ilustraciones: Archivos Larousse
Diseño de cubierta y maquetación: Víctor Gomollón

Primera edición: 2012

© LAROUSSE EDITORIAL, SL
Mallorca, 45, 3.ª planta
08029 Barcelona
VOX (y su logotipo) es marca registrada
de Larousse Editorial.

ISBN: 978-84-9974-054-6
DL: B.4236-2012
1E1I

PREFACIO

Hay palabras que parecen confituras saladas.

PROVERBIO TURCO

L e ofrecemos un ramillete de 80 palabras
poco comunes en el castellano de hoy, que
difícilmente se encuentran en textos actuales,
pero que formaron parte de los principales
diccionarios de nuestra lengua. Todas ellas
habían pertenecido en un tiempo al léxico
general, pero por diferentes razones han ido
dejando de ser usadas o incluso han
caído en desuso. Son, en definitiva,
palabras de antaño.

Con cada una de estas flores
del vocabulario, cuya sonoridad
nos transporta a otros tiempos,
le proponemos que ponga a prueba
sus conocimientos y descubra cuánto

sabe sobre ellas. El juego es sencillo, se trata simplemente de encontrar la definición correcta entre las cuatro que se ofrecen. Sin embargo, la cosa tiene su intríngulis: todas las definiciones son reales (no son inventadas, están inspiradas en algunos de los principales diccionarios de nuestra lengua) por lo que todas son verosímiles y los dibujos que ornamentan las páginas no siempre ilustran el significado de la palabra. ¿Difícil? ¡No! Solamente hemos añadido un poquito de sal y humo sobre estas voces para despistar y hacer más ameno este entretenimiento.

Como todo juego, aquí también hay un solucionario. En este caso, se encuentra al final del librito, seguido de un regalo de gran valor: un glosario de 240 voces cuyas definiciones desorientadoras han procurado engañarle en cada página.

Cuando acabe de jugar, el ramillete se habrá convertido en un ramo de conocimientos, con alguna confitura para su deleite.

LOS EDITORES

SUMARIO

❧ abada ❧

a) *s.f.* Superiora de algunas comunidades religiosas.

b) *s.f.* Hembra del rinoceronte.

c) *s.f.* Plato formado por capas de pasta de harina, cuadradas o alargadas, que se intercalan con carne picada, verdura, etc.

d) *s.f.* La parte baja de los montes o sierras.

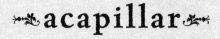

acapillar

a) *v.tr.* Ponerse alguna ropa, particularmente cuando se mete por la cabeza.

b) *adj.* Calificación aplicada a los vasos sutilísimos y delgadísimos del cuerpo, en términos de afectar la microscópica tenuidad de un cabello.

c) *v.tr.* Atrapar, apresar, echar mano.

d) *s.m.* Especie de manto a la morisca usanza que usaron nuestros abuelos.

acebibe

a) *s.m.* La uva pasa.

b) *s.m.* Comúnmente se entiende por esta palabra la parte grasa untosa e inflamable que se saca del fruto del olivo por medio de la presión.

c) *s.m.* Anacoreta o monje dedicado a la vida ascética entre los mahometanos.

d) *s.m.* La lejía en que se echan los paños antes de teñirlos.

9

❧adamadura❧

a) *s.f.* Armadura completa con todas las piezas.

b) *s.f.* El acto mismo o afectación de parecer mujer o dama.

c) *s.f.* Edad de la persona que ha alcanzado su plenitud vital y aún no ha llegado a la vejez.

d) *s.f.* La acción, el proceso y el efecto de domar o sujetar.

❦ adamante ❦

a) *s.f.* Piedra en extremo preciosa y rica, tersa, lúcida, brillante, diáfana y tan sumamente compacta que raya todas las otras piedras preciosas, entre las cuales descuella como la más preciada, codiciada y costosa, después de abrillantada; diamante.

b) *s.f.* Tela fuerte de seda o lana y con dibujos formados con el tejido, elevados o en relieve.

c) *s.m.* El que ama y quiere bien y tiene afecto a otro.

d) *adj.* El que tiene el hábito de comenzar una actividad cualquiera como si nadie la hubiera ejercitado anteriormente.

❧ adieso ❧

a) *adj.* Torcido, atravesado, mal puesto o fuera de la regla ordinaria.

b) *s.m.* Enfado, fastidio, desazón o inquietud del ánimo.

c) *adv.* Al punto, luego, al instante.

d) *adj.* Que tiene tendencia natural a servirse preferentemente de la mano derecha o también del pie del mismo lado.

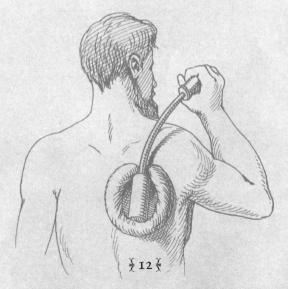

⊷❦anteocupar❦⊶

a) *v.pr.* Meterse, escurrirse, introducirse, furtiva y sutilmente, a escondidas o sin permiso previo, en alguna parte.

b) *v.tr.* Ir, estar o existir una cosa o persona antes que otras, ya con relación al tiempo, ya respecto del espacio, orden o lugar.

c) *v.tr.* Dar preferencia, elegir, anteponer.

d) *v.tr.* Prevenir o preocupar el ánimo.

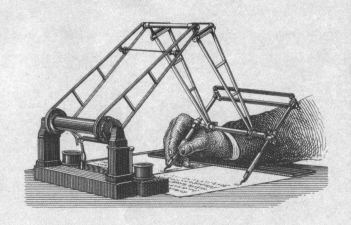

❧amochiguar❧

a) *v.tr.* Perturbar o estorbar el sosiego, quietud o descanso, interior o exterior. Significa también molestar, conmover y alterar.

b) *v.tr.* Multiplicar, aumentar.

c) *v.tr.* Impregnar o empapar de agua.

d) *v.tr.* Decaer, disminuir o irse consumiendo física o moralmente alguna cosa del estado que antes tenía.

✺árgana✺

a) *s.f.* Gas abundante en la atmósfera y en las emanaciones volcánicas, químicamente inactivo.

b) *s.f.* Vasija ancha y poco profunda que sirve, especialmente, para lavarse las manos y la cara.

c) *s.f.* Máquina a modo de grúa para subir piedras o cosas de mucho peso.

d) *s.f.* Especie de talega, abierta por el centro y cerrada por los extremos, formando dos bolsas grandes y cuadradas, donde se pone lo que se quiere llevar de una parte a otra.

❧ atocinarse ❧

a) *v.pr.* Enamorarse perdidamente.

b) *v.pr.* Sufrir un estado de ánimo producido por falta de estímulos, diversiones o distracciones.

c) *v.pr.* Criar carnes y crecer en gordura, poniéndose más abultado y gordo.

d) *v.pr.* Darse un atracón, hartarse, saciarse, ponerse ahíto de comida o bebida, o de ambas cosas.

belleguín

a) *s.m.* Ángel caracterizado por la plenitud de ciencia con que contempla la belleza divina.

b) *s.m.* Especie de broche, compuesto de macho y hembra, que se hace de alambre, de plata u otro metal y sirve para abrochar algo.

c) *s.m.* Pieza de esparto que se pone alrededor de los cubos de las ruedas de los carruajes.

d) *s.m.* En algunos juegos de naipes, carta que se puede aplicar a cualquier suerte favorable.

❧butiro❧

a) *s.m.* Vasija de barro poroso, que se usa para
refrescar el agua. Es de vientre abultado,
con asa en la parte superior, a uno de los
lados boca proporcionada para echar
el agua, y al opuesto un pitón para beber.

b) *s.m.* Mantequilla obtenida de la leche batida.

c) *s.m.* Agujero que los ladrones hacen
en techos y paredes para robar.

d) *s.m.* Instrumento musical de cuerda
que se compone de una caja de resonancia
redonda cubierta por una piel tensada,
un mástil largo con trastes y un número
variable de cuerdas que se hacen
sonar con los dedos o con púa.

❧❦**cancamusa**❦❧

a) *s.f.* Hembrilla de metal de pequeño tamaño que sirve para sujetar cuadros, marcos, etc.

b) *s.f.* Pequeño mamífero insectívoro, semejante a un ratón, pero con el hocico largo y puntiagudo. Varias de sus especies son propias de Europa.

c) *s.f.* Enagua con volantes almidonados para ahuecar la falda.

d) *s.f.* Intención fingida con que se tira a deslumbrar a alguno para que no entienda el engaño que se le va a hacer.

❧ caramida ❧

a) *s.f.* En los insectos con metamorfosis completa, estado quiescente previo del adulto.

b) *s.f.* Piedra durísima y sólida, de especialísimas propiedades, entre las cuales la más plausible es atraer a sí con suma eficacia el hierro y acero, y la inclinación innata de mirar siempre al Polo; también se llama imán.

c) *s.f.* Golosina hecha con caramelo y aromatizada con esencias de frutas, hierbas, etc.

d) *s.f.* Antigua embarcación muy ligera, larga y estrecha, con una sola cubierta, espolón a proa, popa llana, con tres mástiles.

✧ cerrevedijón ✧

a) *s.m.* Ave de rapiña de unos cuatro decímetros de largo, con cabeza abultada, pico y uñas negros y fuertes, y plumaje rojizo más oscuro por la espalda que por el pecho y manchado de negro.

b) *s.m.* Mechón grande de lana.

c) *s.m.* Mecanismo de metal que se fija en puertas, tapas de cofres, arcas, cajones, etc., y sirve para cerrarlos por medio de uno o más pestillos que se hacen jugar con la llave.

d) *s.m.* Persona que no admite discusión.

❧ cibal ❧

a) *s.m.* Soga de esparto.

b) *s.f.* Lugar o paraje lleno de cieno o pantanoso.

c) *adj.* Perteneciente o relativo a la alimentación.

d) *s.m.* Insecto díptero, de tres a cuatro milímetros de largo, cuerpo cilíndrico de color pardusco, cabeza con dos antenas, pies largos y muy finos, y dos alas transparentes que con su rápido movimiento producen un zumbido agudo parecido al sonido de una trompetilla.

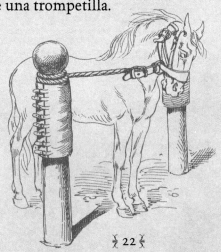

✥ciquiricata✥

a) *s.f.* Sonido que emite el gallo o la gallina repetidamente.

b) *s.f.* Palo largo, untado de jabón o de grasa, por el cual se ha de trepar, si se hinca verticalmente en el suelo, o andar, si se coloca horizontalmente a cierta distancia de la superficie del agua, para coger como premio un objeto atado a su extremidad.

c) *s.f.* Ademán o demostración con que se intenta lisonjear a alguno.

d) *s.f. col.* Alboroto, barullo a causa de una pendencia.

❧ congrua ❧

a) *s.f.* Especie de congrio común en las costas baleáricas.

b) *s.f.* Persona conveniente, coherente, lógica.

c) *s.f.* Construcción rústica pequeña y tosca, de materiales pobres, generalmente palos entretejidos con cañas, y cubierta de ramas, destinada a refugio o vivienda de pastores, pescadores y gente humilde.

d) *s.f.* Sueldo de los párrocos.

❧conventillo❧

a) *s.m.* Tómase por la junta clandestina
de personas para algún mal fin.

b) *s.m.* Caja con tapa llana que sirve para
guardar lo que es de estimación y también
las cosas manuales.

c) *s.m.* La casa de viviendas pequeñas en
las que suelen habitar mujeres perdidas
y hombres viciosos; prostíbulo.

d) *s.m.* Estancia de un edificio o parte de
un jardín que se destina solo a personas
o a usos determinados.

❧ corbona ❧

a) *s.f.* Combustible fósil formado de residuos vegetales acumulados en sitios pantanosos, de color pardo oscuro, aspecto terroso y poco peso, y que al arder produce humo denso.

b) *s.f.* Ave palmípeda del tamaño de un ganso, con plumaje de color gris oscuro, collar blanco, cabeza, moño, cuello y alas negros, patas muy cortas y pico largo, aplastado y con punta doblada. Nada y vuela muy bien, habita en las costas y alguna vez se le halla tierra adentro.

c) *s.f.* Silla con largo respaldo y con tijera que permite inclinarlo en ángulos muy abiertos.

d) *s.f.* Recipiente donde se guardan alhajas, dinero o joyas.

decuria

a) *s.f.* Honor, respeto, reverencia que se debe
   a una persona por su nacimiento o dignidad.

b) *s.f.* La caja o cuébano de corcho o de madera
   hueca en que las abejas labran su miel y cera;
   colmena.

c) *s.f.* Nombre de las plantas que tienen diez
   estambres o que los producen.

d) *s.f. col.* Tribunal donde se tratan los negocios
   contenciosos. Tiene más uso en lo eclesiástico.

delate

a) *adv.* Con prioridad de lugar, en la parte anterior o en sitio detrás del cual hay alguien o algo.

b) *s.m.* Disparate, desatino, despropósito.

c) *s.m.* Acusación, denuncia.

d) *s.m.* Ladrón, bandido, salteador de caminos.

❧dragomán❧

a) *s.m.* En el oriente dan este nombre a los que sirven de intérpretes de lenguas.

b) *s.m.* Soldado que hace igual el servicio a pie que a caballo.

c) *s.m.* Se dice de quien limpia con draga los fondos de puertos, ríos y canales.

d) *s.m.* Persona que hace o vende artículos de droguería.

❧ entrelubricán ❧

a) *s.m. fig.* Hombre lascivo.

b) *s.m.* El crepúsculo vespertino o que precede a la noche.

c) *adj.* Se dice de los mamíferos carnívoros digitígrados, de uñas no retráctiles, con cinco dedos en las patas anteriores y cuatro en las posteriores, como el perro o el lobo.

d) *s.m.* Líquido viscoso que lubrica las articulaciones de los huesos.

✥esleer✥

a) *v.tr.* Elegir, escoger, preferir a alguien
   o algo para un fin.

b) *v.tr.* Echar a perder, ajar, quitar la gracia,
   el esplendor o el lustre a una cosa.

c) *v.tr.* Dicho de una cosa: evaporarse,
   exhalarse, perderse su parte espiritosa.

d) *v.tr.* Desistir de la pretensión o empeño
   que se tenía.

❧espelunca❧

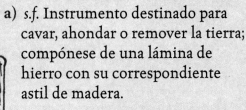

a) *s.f.* Instrumento destinado para cavar, ahondar o remover la tierra; compónese de una lámina de hierro con su correspondiente astil de madera.

b) *s.f.* La mujer que hace ganancia de su cuerpo, expuesta vilmente al público vicio de la sensualidad por interés.

c) *s.f.* Cueva, caverna, gruta, sima, profundidad o concavidad subterránea e irregular.

d) *s.f.* Cuchillo cuya hoja puede doblarse sobre el mango para que el filo quede guardado entre las dos cachas o en una hendidura a propósito. Especialmente la de afeitar.

❧ estatera ❧

a) *s.f.* Colador de agujeros grandes en donde se echan los alimentos para que escurran el líquido en que están empapados.

b) *s.f.* Instrumento que sirve para conocer la igualdad y diferencia de los cuerpos graves; más comúnmente llámase peso o balanza.

c) *s.f.* Cacerola, ordina- riamente cilíndrica y con tapa bien ajustada, que sirve para llevar la comida fuera de casa.

d) *s.f.* Casa u oficina del correo, donde se entregan las cartas que se envían, y se recogen las que se reciben.

❧ excusabaraja ❧

a) *s.f.* Delantal pequeño.

b) *s.f.* Efugio, escapatoria, excusa artificiosa.

c) *s.f.* Conjunto o compuesto de muchas cosas, sin orden ni método.

d) *s.f.* Cesta de mimbre con tapa.

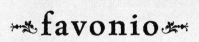favonio

a) *s.m.* Plepa, persona o cosa
que no vale para nada.

b) *s.m.* Persona, animal o entidad
a la que se atribuye la mayor
probabilidad de ganar en
una competición.

c) *s.m.* El viento que viene del
verdadero poniente, que por lo más
común se llama Céfiro; es un viento suave.

d) *s.m.* Espada ancha y sin punta que,
como señal de distinción, llevaban sujeta
con una correa en el lado izquierdo de
la cintura los jefes de las milicias griegas
y sobre todo romanas.

❧filautero❧

a) *s.m.* El que solo cuida de sí mismo, atendiendo únicamente a su propio interés, desatendiéndose del de los demás; egoísta.

b) *adj.* La persona benéfica que se ocupa en mejorar la situación de sus semejantes.

c) *s.m.* El que trabajaba por la emancipación de las que fueron provincias ultramarinas de España.

d) *adj.* Aplícase a aquél que estudia las letras humanas.

⁕fuisca⁖

a) *s.f.* Borrasca de viento, o de viento y nieve, que suele ser más frecuente en los puertos y gargantas de los montes.

b) *s.f.* Granizo grueso; granizada.

c) *adj.* La persona de genio inquieto y turbulento.

d) *s.f.* Centella, parte pequeña que resalta del fuego, o por la violencia del aire que le agita o por el apremio de la materia que se quema; chispa.

gavata

a) *s.f.* Escudilla o plato en que se echaba la comida de los soldados.

b) *s.f.* Amenaza proferida con arrogancia para intimidar.

c) *s.m.* Vano, jactancioso, presumido, orgulloso, que tiene alto concepto de sí mismo.

d) *s.m.* Capote con mangas, y a veces con capilla, que se hacía por lo regular de paño fuerte.

❧ granuja ❧

a) *s.f.* Glóbulo de aire u otro gas que se forma en el interior de un líquido.

b) *s.f.* La uva desgranada y dividida de los racimos.

c) *s.f.* Silicato doble de un metal bivalente y otro trivalente, especialmente el de alúmina y hierro, que es una piedra fina de un color rojo obscuro.

d) *s.f.* Planta malvácea cuya raíz se usa como emoliente.

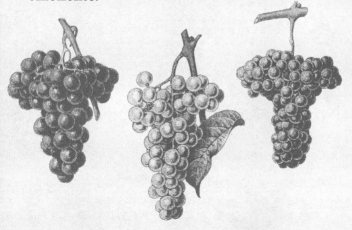

·❧ hebetar ❧·

a) *v.tr.* Alegar una ley, costumbre o razón para acogerse a ella.

b) *v.tr.* Hacer vana o ineficaz una cosa por medio de algún artificio.

c) *v.tr.* Enervar, debilitar, embotar.

d) *v.tr.* Privar a uno de lo que esperaba; dejar sin efecto, malograr un intento.

❧ helgado ❧

a) *adj.* Delgado, flaco, seco, de pocas carnes.

b) *adj. fig.* Carente de fuerza, vigor o eficiencia
en carácter, acción o expresión.

c) *adj.* Incapaz, nulo; totalmente ignorante,
enteramente inepto para algo.

d) *adj.* Que tiene los dientes desiguales
y separados unos de otros.

❧inducia❧

a) *s.f.* Astucia, cautela y artificio con que se pretende alucinar y engañar a otro, halagándolo.

b) *s.f.* Instigación, persuasión, incitación.

c) *s.f.* Tregua o dilación; tardanza o detención de una cosa por algún tiempo.

d) *s.f.* Esperanza grande y seguridad que se tiene en alguna persona o cosa.

❧interdecir❧

a) *v.tr.* Repetir porfiadamente uno o más vocablos.

b) *v.tr.* Prohibir, vedar.

c) *v.tr.* Entender algo que no está expreso, pero que no puede menos de suponerse según lo que antecede o la materia que se trata.

d) *v.tr.* Formalizar por medio de un pedimento alguno de los recursos legales, como el de nulidad, de apelación.

⚜írrito⚜

a) *adj.* Inválido, nulo, sin fuerza ni obligación; rescindido.

b) *adj.* Extraordinariamente susceptible de irritarse con la mayor facilidad; capaz o susceptible de irritación.

c) *adj.* Último o menos que ningún otro, en categoría, en graduación, en cualquier orden o escala.

d) *adj.* Ilustre, esclarecido, afamado.

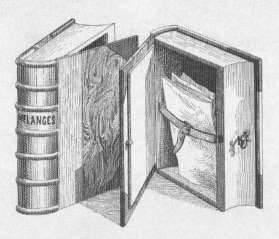

❧insimular☙

a) *v.tr.* Encubrir con astucia la intención; desentenderse del conocimiento de alguna acción.

b) *v.tr.* Imitar o contrahacer una cosa para hacerla semejante o similar a otra.

c) *v.tr.* Acusar a uno de un delito; delatarlo.

d) *adj.* Dícese de un todo cuyas partes son de la misma naturaleza que él, y de las partes cuya naturaleza es la misma que la del todo.

❧jerviguilla❧

a) *s.f.* Planta herbácea anual de la familia de las leguminosas y del mismo género que el haba, que se utiliza como forraje; arveja.

b) *s.f.* Zapatilla, calzado ligero; servilla.

c) *s.f.* Regocijo, fiesta, diversión bulliciosa.

d) *s.f.* Insecto himenóptero, de color negro por lo común, cuyo cuerpo tiene dos estrechamientos, uno en la unión de la cabeza con el tórax y otro en la de este con el abdomen, antenas acodadas y patas largas.

❧junciana❧

a) *s.f.* La parte o lugar en que se unen o juntan dos o más cosas.

b) *s.f.* Vaso de barro cuya tapa tiene muchos agujeros con el objeto de que por ellos salga el olor de las hierbas aromáticas que se ponen dentro, metidas en vinagre, para perfumar las habitaciones.

c) *s.f.* Planta medicinal muy útil para las fiebres intermitentes; se emplea también como tópico para dilatar los trayectos fistulosos de las úlceras.

d) *s.f.* Jactancia vana y sin fundamento.

⚹jurguina⚹

a) *s.f.* Pájaro con pico y pies negruzcos, y
plumaje blanco en el vientre. Es vocinglera,
remeda palabras y trozos cortos de música,
y suele llevarse al nido objetos pequeños,
sobre todo si son brillantes.

b) *s.f.* Juerga bulliciosa, especialmente la
que se hace yendo de un sitio a otro.

c) *s.f.* Hechicera, maga, bruja,
encantadora; especie de
pretendida pitonisa.

d) *s.f.* Acto por el cual
ciertas sustancias
gaseosas o líquidas
suben del
estómago
al esófago,
sin estar
acompañadas
de los esfuerzos
propios del vómito.

❧labe❧

a) *s.f.* Mácula, señal o impresión que mancha alguna cosa; mancha.

b) *s.f.* Instrumento músico que se toca punteando o hiriendo las cuerdas. Su parte inferior es cóncava, compuesta de muchas tablillas como costillas.

c) *s.f.* Ave de seis a ocho pulgadas de largo, de color que tira a pardo, con collar negro, las dos remeras exteriores blancas, y las restantes manchadas de blanco en la punta.

d) *s.f.* Junta o congreso de gentes que se reúnen para tratar algún asunto.

❧ latebra ❧

a) *s.f. fig.* Oscuridad, falta de luz en lo abstracto o en lo moral.

b) *s.f.* Cada uno de los golpes producidos por el movimiento alternativo de dilatación y contracción del corazón contra la pared del pecho, o de las arterias contra los tejidos que las cubren.

c) *s.f.* Escondite, madriguera, refugio, escondrijo.

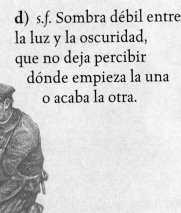

d) *s.f.* Sombra débil entre la luz y la oscuridad, que no deja percibir dónde empieza la una o acaba la otra.

❧❧ liento ❧❧

a) *adj.* Que infunde horror o tristeza.

b) *s.m.* Aire que se expulsa al respirar, frecuentemente con la especificación de su buen o mal olor.

c) *s.m.* Traje que los príncipes, señores y algunas otras personas o entidades dan a sus criados; por lo común, uniforme y con distintivos.

d) *adj.* Lo que no está completamente enjuto, antes conserva alguna humedad; húmedo.

ᨕᨑ**macelo**ᨑᨕ

a) *s.m.* Sitio donde se mata y se desuella el ganado; matadero.

b) *s.m.* Martillo para romper minerales.

c) *adj.* Que cede fácilmente a la presión del tacto.

d) *s.m.* Espadilla para macerar el cáñamo.

❧ maganto ❧

a) *s.m.* Color carmesí oscuro, que resulta de una mezcla de rojo y azul, y que, con el amarillo y el cian, se emplea en las emulsiones de fotografía.

b) *adj.* Triste, abatido, macilento, enfermizo.

c) *s.m.* Requiebro, lisonja, alabanza dada a alguno por galantería.

d) *adj.* Relativo a los magos y la magia.

❧merar❧

a) *v.pr.* Recalarse la humedad en la tierra, edificio, etc.

b) *v.tr.* Mezclar un licor con otro, particularmente agua con vino, para aumentarle la virtud y calidad o para templársela.

c) *v.tr.* Poner en movimiento una embarcación en el mar, gobernarla o dirigirla.

d) *v.tr.* Dar a algo más importancia de la que en realidad tiene.

❧ metemuertos ❧

a) *s.m.* Voz del teatro; encargado de retirar
del tablado los muebles que han de servir
para la representación.

b) *s.m.* El que entierra los cadáveres, comúnmente
llamado sepulturero.

c) *s.m.* Que suele organizar embrollos
o causar problemas.

d) *s.m.* Juego de naipes
entre dos o cuatro personas,
consistente en alcanzar
quince puntos,
cumpliendo
ciertas reglas.

❧ molondro ❧

a) *s.m.* Bulto que de resultas de un golpe se hace en el cuero de la cabeza.

b) *s.m.* Derrubios transportados y depositados por los glaciares.

c) *s.m.* Intestinos y panza de las reses y del cerdo.

d) *s.m.* Hombre torpe y perezoso.

✦munúsculo✦

a) *s.m.* Lente para miopes o présbitas, con armadura que permite acercársela a un solo ojo.

b) *s.m.* Músculo flexor, inclinador y rotatorio de la cabeza que se inserta por abajo en el esternón y en la clavícula, y por arriba en la apófisis mastoidea del temporal.

c) *s.m.* Don o regalo pequeño e insignificante.

d) *s.m.* Ser animado o inanimado, pero gralte. animal o vegetal, de quien cree descender la tribu y a la cual sirve al mismo tiempo de emblema y de nombre colectivo.

✳️názora✳️

a) *s.f.* Culebra venenosa de unos 50 centímetros de largo y menos de 3 de grueso; ovovivípara, con la cabeza cubierta en gran parte de escamas pequeñas semejantes a las del resto del cuerpo; con dos dientes huecos en la mandíbula superior, por donde se vierte, cuando muerde, el veneno.

b) *s.f.* Persona molesta e impertinente en demasía.

c) *s.f.* La luz sonrosada que sigue a la del alba y precede a la salida del sol.

d) *s.f.* La sustancia espesa de algunos licores, especialmente de la leche, que nada encima de ellos como espuma; nata.

·⊷nefalismo⊷·

a) *s.m.* Repugnancia de ser explicada una cosa o de hablar con propiedad de ella o que excede nuestra capacidad.

b) *s.m.* Abstinencia absoluta de cualquier bebida o comida que contenga alcohol.

c) *s.m.* Suma certeza e incapacidad de engañar o engañarse.

d) *s.m.* Erección continua y dolorosa del miembro viril, sin apetito venéreo.

✧ofendículo✧

a) *s.m.* Daño, injuria o agravio que se hace a otro de palabra u obra; daño recibido en el honor, la reputación o la honestidad.

b) *s.m.* Lugar en que hay mucho ruido y confusión.

c) *s.m.* Obstáculo, tropiezo, dificultad.

d) *s.m.* Casa de prostitución; prostíbulo.

❦opitulación❧

a) *s.f.* Concierto o pacto hecho entre dos
o más personas sobre algún negocio
comúnmente grave.

b) *s.f.* Ayuda, socorro, auxilio.

c) *s.f.* Impulso irresistible que hace que las causas
obren infaliblemente en cierto sentido.

d) *s.f.* Abundancia de una cosa; ser algo opíparo.

❧ orbedad ❧

a) *s.f.* Universal, que se extiende a todo el orbe.

b) *s.f.* Cada una de las dos cuencas o cavidades en que se hallan colocados los globos de los ojos.

c) *s.f.* Facultad que tiene el hombre de adoptar una resolución con preferencia a otra.

d) *s.f.* Carencia de padre o madre, o de uno y otro; orfandad.

pechelingue

a) *s.m.* Ladrón de mar; el que se dedica a robar en la mar, armando para ello un buque o varios; pirata.

b) *s.m.* Cualquiera cosa apreciable, de mucho valor o de gran precio, que se adquiere a poca costa, o con poco trabajo.

c) *s.m.* Insecto del tamaño de una lenteja, sin alas y con dos antenas. Es fetidísimo o repugnantemente apestoso, corre mucho, con especialidad de noche, pica y chupa la sangre, y abunda en las casas pero sobre todo en los lechos, durante la fuerza abrasadora y canicular del estío.

d) *adj.* Insignia pontifical que traen sobre el pecho los obispos y otros prelados.

❧ peculado ❧

a) *adj.* Perteneciente o relativo al dinero.

b) *s.m.* En el antiguo derecho, delito que consiste en el hurto de caudales del erario, cometido por aquel a quien está confiada su administración.

c) *adj.* Propio o privativo de cada persona o cosa.

d) *adj.* En botánica, dícese de las hojas que tienen pecíolo.

❧ pegujalero ❧

a) *s.m.* El que pide con frecuencia e importunidad.

b) *adj.* Que fácilmente se pega, glutinoso, viscoso.

c) *adj.* Dícese del que pega o maltrata a otra persona.

d) *s.m.* El labrador que tiene poca siembra o labor, o el ganadero que tiene poco ganado.

❧•pesgar•❧

a) *v.pr.* Darse cuenta clara de algo, tomar conciencia de ello.

b) *v.tr.* Apoderarse de alguien o de algo con dificultad.

c) *v.tr.* Hacer presión o peso.

d) *s.m.* Red para pescar sábalos.

·≈·**póntico**·≈·

a) *s.m.* Puente para peatones, destinado a salvar carreteras, ferrocarriles, etc.

b) *adj.* Que tiene sabor como de agraz o de vinagre; ácido, agrio.

c) *adj.* Pronto, diligente, exacto en hacer las cosas a su tiempo y sin dilatarlas.

d) *adj.* Relativo o perteneciente al pontífice.

❧quejura❧

a) *s.f.* Queja dolorosa acompañada de sollozos, llanto y otras muestras de aflicción, lamentación.

b) *s.f.* Cuajada que se saca de los residuos de la leche después de hecho el queso.

c) *s.f.* Cada una de las dos mandíbulas de los vertebrados que tienen dientes; mandíbula.

d) *s.f.* Prisa o aceleración congojosa; especie de ansiosa premura.

razar

a) *v.intr.* Hablar en público.

b) *v.tr.* Borrar, desvanecer, quitar, hacer que desaparezca una cosa.

c) *v.intr.* Pasar rozando ligeramente un cuerpo con otro.

d) *v.tr.* Pasar o exceder de ciertos límites.

recatonía

a) *s.f.* Mezquindad.

b) *s.f.* Servicio para transportar documentos
   y pequeños paquetes de una manera rápida.

c) *s.f.* Venta por menor de los géneros que
   se han comprado por junto.

d) *s.f.* Mensaje o respuesta que de palabra
   se da o se envía a otro.

✖✱rompepoyos✱✖

a) *s.m. fig.* Persona holgazana.

b) *s.m.* Planta graminácea, estriada, lampiña y de pocos nudos, y las hojas muy largas, lo mismo que la panoja, cuyos ramos llevan multitud de flores.

c) *s.m.* Arma ofensiva compuesta de dos bolas de metal sujetas a los extremos de un mango corto y flexible.

d) *s.m.* Tela de lana, basta y muy tupida; sempiterna.

❦·rubo·❦

a) *s.m.* Color que la vergüenza saca al rostro y que lo pone encendido.

b) *s.m.* Vasija de metal o madera, gralte. de figura de cono truncado invertido, con asa en el borde superior, empleado en usos domésticos.

c) *s.m.* La centésima parte de la moneda rusa.

d) *s.m.* Arbusto rosáceo de tallos sarmentosos provistos de aguijones; hojas de cinco folíolos, flores blancas o róseas y fruto en eterio de drupas; zarza.

❦ sable ❦

a) *s.f.* Conjunto de partículas desagregadas de las rocas, sobre todo si son silíceas, y acumuladas, ya en las orillas del mar o de los ríos, ya en capas de los terrenos de acarreo; arena, tierra.

b) *adj.* Que no se puede saber o averiguar.

c) *adj.* Que puede o merece saberse.

d) *s.f.* El hecho de salvar a otro, de salvarse a sí mismo; salvación de persona o cosa.

✣sece✣

a) *s.f.* La tierra de labor que no tiene riego
y solo participa el agua llovediza; secano.

b) *s.f.* Cereal de cuya semilla se hace el pan.

c) *s.m.* Dieciséis.

d) *s.m.* Libro manuscrito de cierta antigüedad
y de importancia histórica o literaria.

❧ seceso ❧

a) *s.m. fig.* Acontecimiento o cosa que puede suceder, que ha sucedido o que sucede.

b) *s.m.* Lo mismo que muerte natural o civil.

c) *s.m.* Apartamiento, separación, retiro.

d) *s.m.* Cámara o deposición del vientre; hez.

❧ suasible ❧

a) *adj.* Que se puede tomar o coger con la mano.

b) *adj.* Que se puede aconsejar o persuadir.

c) *adj.* Aplícase al medicamento que hace sudar.

d) *adj.* Que puede o es capaz de sufrir, padecer o sentir.

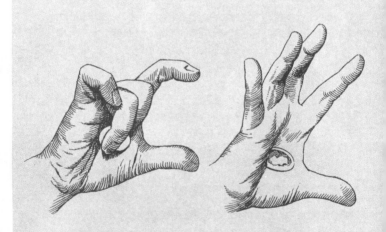

❧sucedumbre❧

a) *s.f.* Prosecución, continuación ordenada de personas, cosas, sucesos, etc.

b) *s.f.* Asquerosidad, porquería, suciedad.

c) *s.f.* Abundancia y multitud de personas o cosas.

d) *s.f.* Entrada como heredero o legatario en la posesión de los bienes de un difunto.

❦suripanta❦

a) *s.f.* Hambre violenta, descomedida.

b) *s.m.* El que habla u obra con desvergüenza, sin pudor ni respeto humano.

c) *s.m.* Pilluelo abandonado sin educación, oficio ni beneficio, y que generalmente vive a merced del viento que le sopla más favorable.

d) *s.f.* Mujer corista en un teatro.

❧ tetro ❧

a) *adj.* Triste, demasiadamente serio, grave y melancólico.

b) *adj.* Sólido terminado por cuatro planos o caras.

c) *s.m.* Conjunto de la estructura y elementos de cierre de un techo.

d) *adj.* Negro, manchado, atezado u oscuro.

❧ tresna ❧

a) *s.f.* Rastro, vestigio, señal o indicio de un acontecimiento.

b) *s.f.* Conjunto de tres o más ramales que se entretejen, cruzándolos alternativamente.

c) *s.f.* Duende, espíritu enredador.

d) *s.f.* La cuerda gruesa hecha de esparto curado, de cerda y otras materias.

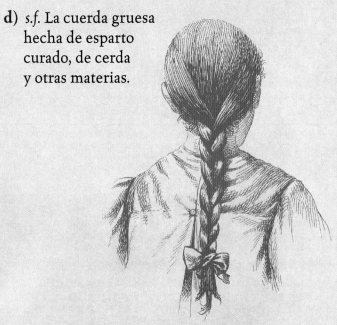

❦trestiga❦

a) *s.f.* Aro o triángulo de hierro con tres pies, que sirve para poner al fuego sartenes, peroles, etc.

b) *s.f.* Cloaca de las poblaciones.

c) *s.f.* Prueba, justificación y comprobación de la certeza o verdad de una cosa.

d) *s.f.* Vara larga para practicar el deporte del salto de altura.

❧udómetro❧

a) *s.m.* Aparato de que van provistos algunos coches de alquiler, el cual marca automáticamente la distancia recorrida y la cantidad devengada; taxímetro.

b) *s.m.* Aparato para medir la cantidad de agua que lleva una corriente.

c) *s.m.* Aparato que sirve para medir la lluvia que cae en lugar y tiempo dados; pluviómetro.

d) *s.m.* Aparato que sirve para medir el nivel del agua fluvial.

❧valenza❧

a) *s.f.* La firmeza legal de algún acto, instrumento o contrato.

b) *s.f.* Firmeza, fuerza, seguridad o subsistencia de algún acto.

c) *s.f.* Favor, valimiento, influjo, protección.

d) *s.f.* Estimación, consideración o aprecio que se hace o tiene de alguna cosa o persona.

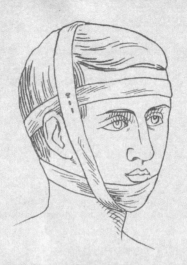

❧ victimario ❧

a) *s.m.* Homicida, persona que comete homicidio.

b) *s.m.* Persona o animal sacrificado o destinado al sacrificio.

c) *s.m.* Relación secreta en la que se inscriben los nombres de las personas o entidades consideradas vitandas.

d) *s.m.* Tendencia a desempeñar habitualmente el papel de víctima.

❧ yusión ❧

a) *s.f.* Filosóficamente, nexo de la materia y forma en virtud del cual resulta de ellas un todo o el compuesto físico.

b) *s.f.* Mandato, orden o precepto o la acción misma de mandar.

c) *s.f.* La acción de colocar el yugo a los bueyes, vacas, mulas u otras bestias.

d) *s.f. fig.* Caída de alguna dignidad, de algún encumbrado puesto a otro estado o situación muy inferior.

❧ zangolotino ❧

a) *adj.* Sirve en las Indias para calificar al hijo de negro e india, o al contrario.

b) *adj.* Muchacho que quiere o a quien se quiere hacer pasar por niño.

c) *adj.* El que tiene las piernas torcidas hacia fuera.

d) *adj.* Se dice del toro que salió manso y se hizo algo bravo, o del que desde luego embiste poco.

SOLUCIONARIO

abada: **b**

acapillar: **c**

acebibe: **a**

adamadura: **b**

adamante: **a**

adieso: **c**

anteocupar: **d**

amochiguar: **b**

árgana: **c**

atocinarse: **a**

belleguín: **b**

butiro: **b**

cancamusa: **d**

caramida: **b**

cerrevedijón: **b**

cibal: **c**

ciquiricata: **c**

congrua: **d**

conventillo: **c**

corbona: **d**

decuria: **b**

delate: **d**

dragomán: **a**

entrelubricán: **b**

esleer: **a**

espelunca: **c**

estatera: **b**

excusabaraja: **d**

favonio: **c**

filautero: **a**

fuisca: **d**

gavata: **a**

granuja: **b**

hebetar: **c**

helgado: **d**

inducia: **c**

interdecir: **b**

írrito: **a**

insimular: **c**
jerviguilla: **b**
junciana: **d**
jurguina: **c**
labe: **a**
latebra: **c**
liento: **d**
macelo: **a**
maganto: **b**
merar: **b**
metemuertos: **a**
molondro: **d**
munúsculo: **c**
názora: **d**
nefalismo: **b**
ofendículo: **c**
opitulación: **b**
orbedad: **d**
pechelingue: **a**
peculado: **b**
pegujalero: **d**
pesgar: **c**
póntico: **b**
quejura: **d**
razar: **b**
recatonía: **c**

rompepoyos: **a**
rubo: **d**
sable: **a**
sece: **c**
seceso: **d**
suasible: **b**
sucedumbre: **b**
suripanta: **d**
tetro: **d**
tresna: **a**
trestiga: **b**
udómetro: **c**
valenza: **c**
victimario: **a**
yusión: **b**
zangolotino: **b**

DEFINICIONES «FALSAS»

En estas páginas se recogen las 240 voces cuyas definiciones «falsas» han intentado despistarle creando una cortina de humo. En el caso de *abada*, fueron *abadesa*, *lasaña* y *falda* las que vinieron a dificultar el juego. ¿Quién no pensó que esta hembra paquiderma era la superiora de una comunidad religiosa?

abada: a) abadesa; c) lasaña; d) falda

acapillar: a) encapillar; b) capilar; d) capellar

acebibe: b) aceite; c) derviche; d) enjebe

adamadura: a) panoplia; c) madurez; d) doma, domadura

adamante: b) damasco; c) amante; d) adanista

adieso: a) avieso; b) molestia; d) diestro

anteocupar: a) colarse; b) preceder; c) preferir

amochiguar: a) inquietar; c) enaguar; d) menguar

árgana: a) argón; b) jofaina, palangana; d) alforja

atocinarse: b) aburrirse; c) engordarse; d) atracarse, atiborrarse

belleguín: a) querubín; c) bocín; d) comodín

butiro: a) botijo; c) butrón; d) banjo o banyo

cancamusa: a) cáncamo; b) musaraña; c) cancán

caramida: a) crisálida; c) caramelo; d) carabela

cerrevedijón: a) cernícalo; c) cerradura; d) taxativo

cibal: a) liatón; b) ciénaga; d) mosquito

ciquiricata: a) cacareo; b) cucaña; d) pitote

congrua: a) congrio;
b) congruente; c) cabaña

conventillo: a) conventículo,
conspiración; b) arca;
d) reservado

corbona: a) turba; b) corvejón,
cuervo marino; c) tumbona

decuria: a) decoro;
c) decandro; d) curia

delate: a) delante; b) dislate;
c) dilación

dragomán: b) dragón; c) dragador; d) droguero

entrelubricán: a) sátiro; c) cánido; d) sinovia

esleer: b) deslucir; c) desvanecer; d) sobreseer

espelunca: a) azada; b) ramera; d) navaja (barbera)

estatera: a) escurridor; c) fiambrera; d) estafeta

excusabaraja: a) excusalí; b) subterfugio; c) revoltijo

favonio: a) engarnio; b) favorito; d) parazonio

filautero: b) filántropo; c) filibustero; d) filólogo

fuisca: a) ventisca; b) pedrisca; c) levantisca

gavata: b) bravata;
c) chuleta; d) gabán

granuja: a) burbuja;
c) granate; d) samaramuja
o malvavisco

hebetar: a) invocar;
b) eludir; d) vetar

helgado: a) enjuto;
b) débil; c) negado

inducia: a) marrullería;
b) inducción; d) fiducia

interdecir: a) redecir; c) sobrentender; d) interponer

írrito: b) irritable; c) ínfimo; d) ínclito

insimular: a) disimular; b) remedar, imitar; d) similar

jerviguilla: a) algarroba; c) jolgorio; d) hormiga

junciana: a) juntura; b) junciera; c) genciana

jurguina: a) urraca; b) parranda; d) regurgitación

labe: b) laúd; c) alondra; d) cónclave

latebra: a) tiniebla; b) latido; d) penumbra

liento: a) lamentoso; b) aliento; c) librea

macelo: b) bocarte; c) blando; d) tascador

maganto: a) magenta; c) piropo; d) mágico

merar: a) amerar; c) marear; d) sobredimensionar

metemuertos: b) enterrador; c) liante; d) escoba

molondro: a) chichón; b) morrena; c) mondongo

munúsculo: a) monóculo; b) esternocleidomastoideo; d) tótem

názora: a) víbora; b) cócora; c) aurora

nefalismo: a) inefabilidad; c) infalibilidad; d) priapismo

ofendículo: a) ofensa; b) pandemonio; d) lista negra

opitulación: a) capitulación; c) necesidad; d) copiosidad

orbedad: a) ecuménico; b) órbita; c) arbitrio

pechelingue: b) ganga; c) chinche; d) pectoral

peculado: a) pecuniario; c) peculiar; d) peciolado

pegujalero: a) pedigüeño; b) pegajoso; c) maltratador

pesgar: a) percatarse; b) trincar; d) sabalar

póntico: a) pasarela; c) puntual; d) pontificio

quejura: a) lamento; b) requesón; c) quijada

razar: a) orar; c) rasar; d) rebasar

recatonía: a) tacañería; b) mensajería; d) recado

rompepoyos: b) rompebarrigas; c) rompecabezas;
d) rompecoches

rubo: a) rubor; b) cubo; c) copeck

sable: b) insabible; c) escible; d) salvamento

sece: a) sequío; b) mies; d) códice

seceso: a) suceso; b) deceso; c) secesión

suasible: a) asible; c) sudorífico;
d) pasible

sucedumbre: a) sucesión;
c) muchedumbre; d) sucesión,
transmisión

suripanta: a) carpanta, gazuza;
b) descarado; c) granuja

tetro: a) tétrico; b) tetraedro;
c) techumbre

tresna: b) trenza; c) trasgo; d) soga

trestiga: a) trébede; c) testimonio;
d) pértiga

udómetro: a) odómetro; b) reómetro; d) fluviómetro

valenza: a) validez; b) validación; d) valía

victimario: b) víctima; c) lista negra; d) victimismo

yusión: a) unión; c) yungir o uncir; d) descenso

zangolotino: a) zambo; c) patizambo; d) bravucón

En una sola palabra se conserva vinculada la memoria
de largas operaciones mentales, y al pronunciarla
o leerla se desmadeja en nuestro interior el hilo
de conocimientos adquiridos durante largos
años en que se encierra el fruto de
los trabajos de la humanidad
durante muchos siglos.

Jaime Balmés, filósofo español